CP
cycle 2
niveau 2

Je lis avec Dagobert

Méthode de lecture

Cahier d'activités 1

Michèle CAMO
enseignante de CP et maître formateur

Rosy PLA
enseignante de CP et maître formateur

DAGOBERT
un personnage de Bernard GODI et ZIDROU

Ce cahier appartient à :

Prénom : ....

Nom : ....

istra

Avant-propos

Compléments indispensables du livre de l'élève *Je lis avec Dagobert*, les cahiers d'activités ont pour fonction d'**entraîner** les élèves **au travail autonome** et d'**évaluer** leur progression dans les apprentissages.

Le Cahier d'activités 1 correspond aux modules 1 et 2 du livre de l'élève et reprend sa structure. Pour chaque nouveau texte étudié, six types de pages d'activités sont proposés (voir ci-contre, page 3).

La présentation simple et claire des exercices permet aux enfants d'entrer rapidement dans les activités tandis que **des éléments constants**, rappelant le livre de l'élève, les **aident à se repérer facilement** :

- le rappel du titre du texte et de la page du livre auxquels se réfèrent les exercices ;
- une accroche différente pour chaque type de page, qui permet à l'enfant de savoir à quel niveau de l'apprentissage il se situe ;
- enfin, sur les trois premières séquences, des pictogrammes accompagnent et « traduisent » les consignes de travail :

coche — entoure — relie — écris — dessine — découpe et colle*

* N.B. : Les étiquettes à découper (et à coller) se trouvent soit en bordure de page, soit à la fin du cahier pour les activités de production d'écrits.

Sommaire

Maquette intérieure : Anne-Danielle NANAME
Mise en page et réalisation : TYPO-VIRGULE
Couverture : Anne-Danielle NANAME
Responsable de projet : JANINE COTTEREAU-DURAND
Illustrations : Dagobert, un personnage de ZIDROU et Bernard GODI, illustré par Bernard GODI ;
Petits dessins : Stéphane KIEHL et Jean-Louis GOUSSÉ.

Cet ouvrage est imprimé sur du papier composé de fibres naturelles, renouvelables, recyclables, et fabriqué à partir de bois issu de forêts gérées de façon durable conformément à l'article 206 de la loi n° 2010-788 du 12 juillet 2010.

ISBN : 978-2-01-116542-8

Organisation d'une séquence

(6 pages)

Je découvre (un type de texte)

Activités portant sur la structure et le sens du texte découvert.

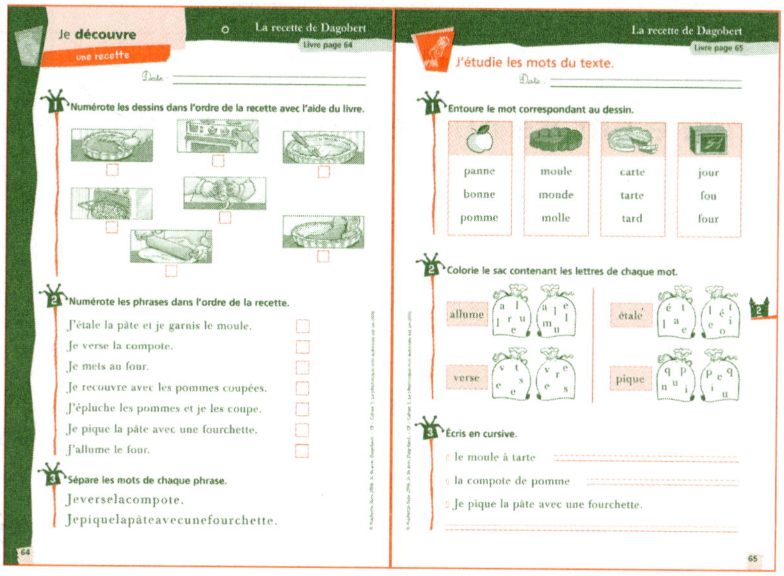

Je découvre une recette
La recette de Dagobert
Livre page 64
Date
1 Numérote les dessins dans l'ordre de la recette avec l'aide du livre.
2 Numérote les phrases dans l'ordre de la recette.
J'étale la pâte et je garnis le moule.
Je verse la compote.
Je mets au four.
Je recouvre avec les pommes coupées.
J'épluche les pommes et je les coupe.
Je pique la pâte avec une fourchette.
J'allume le four.
3 Sépare les mots de chaque phrase.
Jeverselacompote.
Jepiquelapâteavecunefourchette.
64

La recette de Dagobert
Livre page 65
J'étudie les mots du texte.
Date
1 Entoure le mot correspondant au dessin.

panne	moule	carte	jour
bonne	monde	tarte	fou
pomme	molle	tard	four

2 Colorie le sac contenant les lettres de chaque mot.
allume
étale
verse
pique
3 Écris en cursive.
le moule à tarte
la compote de pomme
Je pique la pâte avec une fourchette.
65

J'étudie les mots du texte

Activités de structuration et d'analyse portant sur les mots à étudier.

J'étudie un son J'entends

Activités de discrimination auditive et de phonologie.

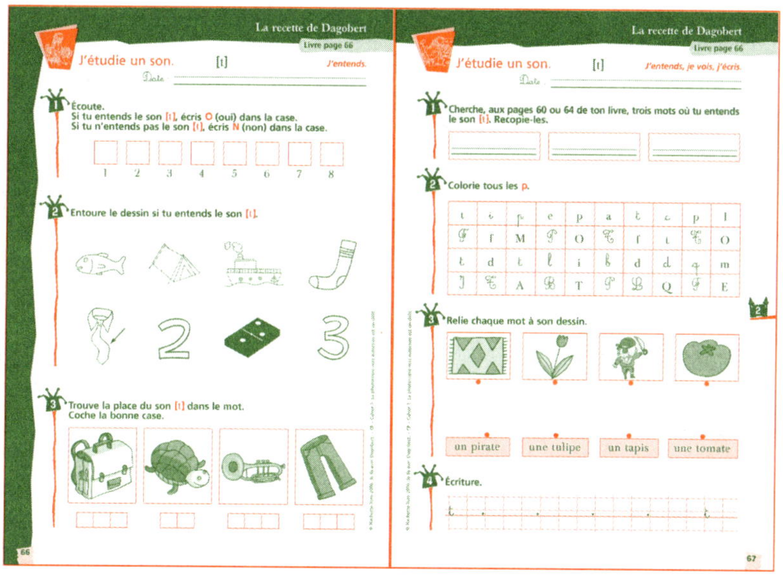

La recette de Dagobert
Livre page 66
J'étudie un son [t] J'entends
Date
1 Écoute.
Si tu entends le son [t], écris O (oui) dans la case.
Si tu n'entends pas le son [t], écris N (non) dans la case.
1 2 3 4 5 6 7 8
2 Entoure le dessin si tu entends le son [t].
3 Trouve la place du son [t] dans le mot.
Coche la bonne case.
66

La recette de Dagobert
Livre page 66
J'étudie un son [t] J'entends, je vois, j'écris
Date
1 Cherche, aux pages 60 ou 64 de ton livre, trois mots où tu entends le son [t]. Recopie-les.
2 Colorie tous les t.
3 Relie chaque mot à son dessin.
un pirate
une tulipe
un tapis
une tomate
4 Écriture.
67

J'étudie un son J'entends, je vois, j'écris

Activités portant sur les correspondances phonème(s)/graphie(s), l'orthographe et la combinatoire.

Production d'écrits

Activités de réinvestissement ou de prolongement des textes lus.

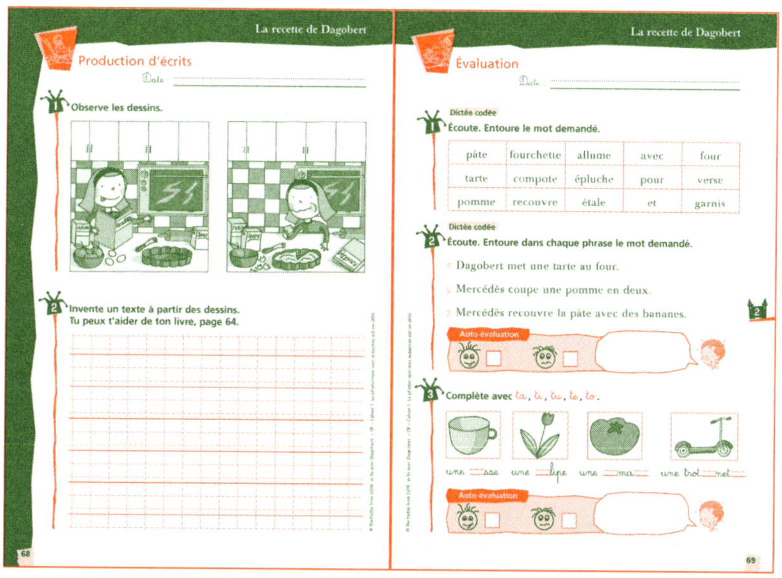

La recette de Dagobert
Production d'écrits
Date
1 Observe les dessins.
2 Invente un texte à partir des dessins.
Tu peux t'aider de ton livre, page 64.
68

La recette de Dagobert
Évaluation
Date
Dictée codée
1 Écoute. Entoure le mot demandé.

pâte	fourchette	allume	avec	four
tarte	compote	épluche	pour	verse
pomme	recouvre	étale	et	garnis

Dictée codée
2 Écoute. Entoure dans chaque phrase le mot demandé.
Dagobert met une tarte au four.
Mercédès coupe une pomme en deux.
Mercédès recouvre la pâte avec des bananes.
Auto-évaluation
3 Complète avec ta, ti, tu, te, to.
une …sse une …lipe une …ma… une trot…net…
Auto-évaluation
69

Évaluation

Deux temps :
– autour du texte
– autour de l'étude des sons et de la combinatoire.

Je **découvre**

une bande dessinée

Date :

1 **Coche la même phrase que le modèle.** ☒

C'est la rentrée.		Je vais à l'école.	
C'est l'entrée.	☐	Je rentre à l'école.	☐
La rentrée, c'est.	☐	Je vais à l'école.	☐
C'est la rentrée.	☐	Je suis à l'usine.	☐

2 **Coche la même phrase que le modèle.** ☒

C'est la rentrée.		*Je vais à l'école.*	
C'est la rentrée.	☐	*Je suis à l'école.*	☐
La rentrée, c'est.	☐	*Je rentre la colle.*	☐
Cette rentrée-là.	☐	*Je vais à l'école.*	☐

3 **Coche la même phrase que le modèle.** ☒

C'est la rentrée, je vais à l'école.

- C'est l'entrée, je suis à l'école. ☐
- C'est l'école, je rentre. ☐
- C'est la rentrée, je vais à l'école. ☐

J'étudie les mots du texte.

Date : ______________________

1 Entoure le même mot que le modèle.

rentrée	c'est	école	vais
rentier	cet	colle	vas
rentrée	c'est	enrôlé	vais
rentre	ces	école	mais

2 Entoure le même mot que le modèle.

rentrée	c'est	école	vais
rentier	cet	colle	vas
rentrée	c'est	enrôlé	vais
rentre	ces	école	mais

3 Relie les écritures du même mot.

rentrée •	• école
école •	• c'est
vais •	• rentrée
c'est •	• vais
je •	• la
la •	• je

J'observe.

Préparation à l'étude des sons.

Date : ______________________

a b c d e f – A B C D E F – a b c d e f – A B C D E F

1 Écoute. Entoure la lettre demandée par la maîtresse dans toutes les écritures.

A	c	b	F	E	D
E	B	d	c	a	F
b	a	C	e	d	f
C	B	f	D	A	e

2 Entoure la lettre demandée par la maîtresse dans les mots :

Dagobert – Mercédès

3 Retrouve le nom des deux personnages. Colle les étiquettes au bon endroit.

Mercédès

Dagobert

Mercédès

Dagobert

Livre page 18

J'observe.

Date :

4 **Trouve le mot représenté par chaque dessin.**
Écris le nombre de syllabes dans la case.

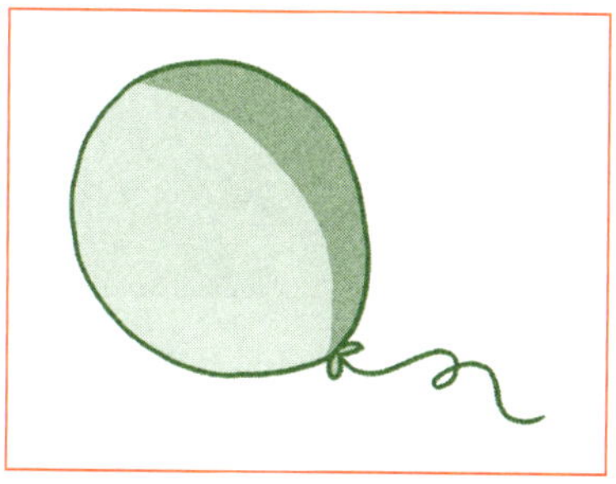

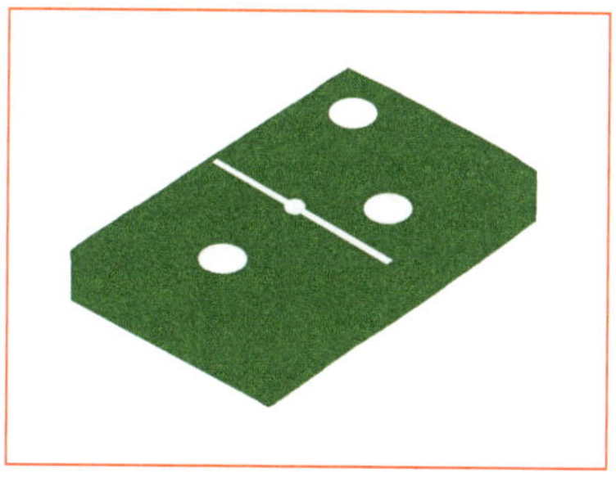

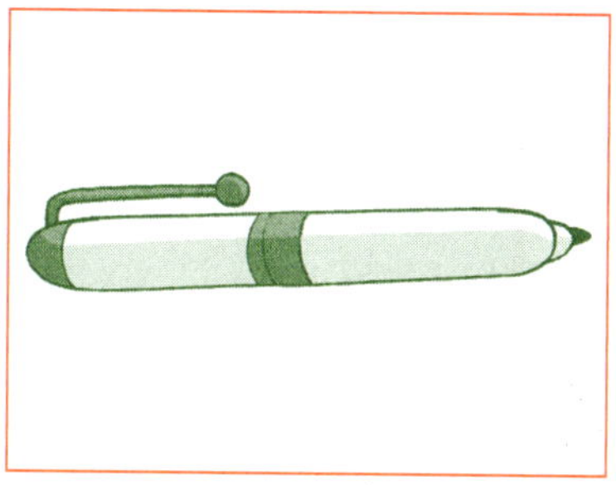

Production d'écrits

Date : ______________________

1 **Mets les étiquettes dans l'ordre pour former la phrase-modèle. Colle-la.**

Je vais à l'école.

2 **Avec les étiquettes qui restent, forme une nouvelle phrase. Colle-la. Ajoute le point final.**

3 **Fais le dessin correspondant à ta phrase.**

école	l'	la	rentrée	C'est	à	l'	vais	.	école	Je

Évaluation

Date : ______________________________

Dictée codée
À chaque mot (ou lettre) demandé(e) doit correspondre une couleur différente.

1 Écoute. Entoure le mot demandé.

l'	vais	rentrée	Mercédès	C'est	Je
je	c'est	école	Dagobert	à	la
Je	rentrée	école	c'est	Dagobert	l'
C'est	vais	Mercédès	à	je	la

Auto-évaluation

☐ ☐

2 Écoute. Entoure la lettre demandée.

a	c	b	f	e	d
e	f	a	d	b	c

Auto-évaluation

☐ ☐

Je **découvre**

un texte écrit au tableau

Livre page 20

Date : ______________________

1 Coche la même phrase que le modèle. ☒

Bonjour, je m'appelle madame Paprika.

- Bonjour, madame Paprika. ☐
- Bonjour, je m'appelle madame Paprika. ☐
- Je m'appelle maîtresse Paprika. ☐

2 Coche la même phrase que le modèle. ☒

Bonjour, je m'appelle madame Paprika.

- *Bonjour, je suis madame Paprika.* ☐
- *Bonjour, je m'appelle madame Paprika.* ☐
- *Je m'appelle madame Paprika, bonjour.* ☐

3 Coche la même phrase que le modèle. ☒

Je suis la maîtresse de la classe.

- Je suis la classe de la maîtresse. ☐
- C'est la classe de madame Paprika. ☐
- Je suis la maîtresse de la classe. ☐

Livre page 21

J'étudie les mots du texte.

Date : ______________________

1 Entoure le même mot que le modèle.

madame	appelle	maîtresse	classe
malade	appel	maîtresse	chasse
madame	abeille	paresse	tasse
demande	appelle	maître	classe

2 Entoure le même mot que le modèle.

madame	appelle	maîtresse	classe
malade	appel	maîtresse	chasse
madame	abeille	paresse	tasse
demande	appelle	maître	classe

3 Relie les écritures du même mot.

maîtresse •	• classe
madame •	• appelle
classe •	• madame
date •	• date
appelle •	• maîtresse
bonjour •	• bonjour

Livre page 22

J'étudie un son. [a]

J'entends.

Date : ____________________

1 Écoute.
Si tu entends le son [a], écris O (oui) dans la case.
Si tu n'entends pas le son [a], écris N (non) dans la case.

1	2	3	4	5	6	7	8

2 Entoure le dessin si tu entends le son [a].

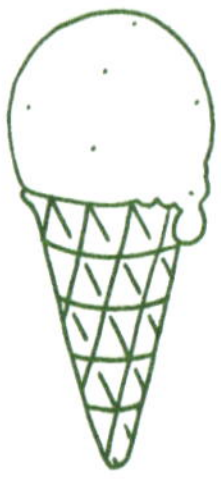

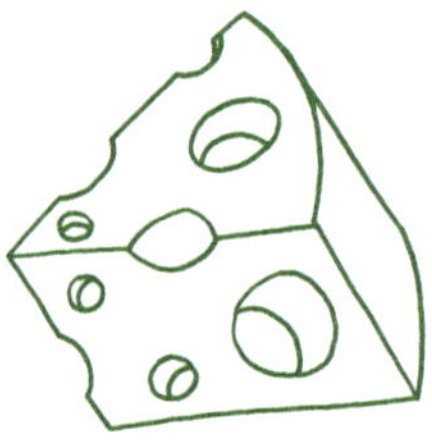

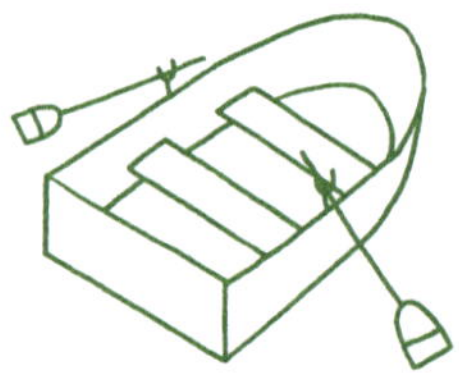

3 Trouve la place du son [a] dans le mot. ☒
Coche la bonne case.

	X	

J'étudie un son. [a]

J'entends, je vois, j'écris.

Date : ______________________

1 Cherche, à la page 20 de ton livre, trois mots où tu entends le son [a]. Recopie-les.

______	______	______

2 Colorie tous les a.

a	i	u	e	o	a	i	u	e	o
A	I	U	E	O	A	I	U	E	O
i	u	a	o	a	i	u	a	o	a
R	M	A	N	B	R	M	A	N	B
u	A	n	A	a	u	A	n	A	a

3 Entoure tous les a dans les phrases suivantes.

Pour goûter, Marie, Adeline et des amis se régalent avec des pains au chocolat, des tartines et une tasse de lait.

Madame Paprika appelle Adélaïde, Caroline et des garçons car ils ne sont pas encore entrés en classe.

4 Écriture.

a . . . . a

Production d'écrits

Date :

1 Mets les étiquettes dans l'ordre pour former la phrase-modèle. Colle-la. Ajoute la ponctuation.

« Bonjour, je m'appelle madame Paprika ! »

2 Trouve les bonnes étiquettes pour terminer chaque phrase. Colle-les.

« Je suis ! »

« Je suis ! »

3 Dessine-toi.

madame

appelle

maîtresse

je

Paprika

la

la

m'

maîtresse

Bonjour

Évaluation

Date : ____________________

Dictée codée

1 Écoute. Entoure le mot demandé.

m'	suis	bonjour	appelle	classe	c'est	de
je	vais	maîtresse	Paprika	madame	date	la
de	maîtresse	école	bonjour	suis	classe	m'
la	appelle	madame	Paprika	à	vais	je

Auto-évaluation

2 Retrouve l'étiquette qui convient. Colle-la au bon endroit.

la maîtresse

la maîtresse

l'école

la classe

l'école

la classe

Livre page 24

Je **découvre**

un emploi du temps

Date :

1 **Relie ce qui va ensemble.**

	mercredi
	mardi
Je vais à l'école.	vendredi
	jeudi

2 **Relie ce qui va ensemble.**

	dimanche
Je suis à la maison.	lundi
	samedi

3 **Coche la même phrase que le modèle.** ☒

Samedi matin, Dagobert est à l'école.

- C'est samedi, Dagobert va à l'école ! ☐
- Dagobert va à l'école le mardi matin. ☐
- Samedi matin, Dagobert est à l'école. ☐

J'étudie les mots du texte.

Date :

1 Entoure le même mot que le modèle.

samedi	lundi	vendredi	mardi
salade	lundi	vendre	mari
salami	lune	ventilé	merci
samedi	lubie	vendredi	mardi

2 Entoure le même mot que le modèle.

mercredi	jeudi	dimanche
merci	jauni	manche
mercredi	jardin	dimanche
mercerie	jeudi	chance

3 Relie les écritures du même mot.

lundi •	• mercredi
mardi •	• lundi
mercredi •	• mardi
jeudi •	• vendredi
vendredi •	• jeudi
samedi •	• dimanche
dimanche •	• samedi

J'étude un son. [i]

J'entends.

Date :

1 Écoute.
Si tu entends le son [i], écris O (oui) dans la case.
Si tu n'entends pas le son [i], écris N (non) dans la case.

1	2	3	4	5	6	7	8

2 Entoure le dessin si tu entends le son [i].

3 Trouve la place du son [i] dans le mot.
Coche la bonne case.

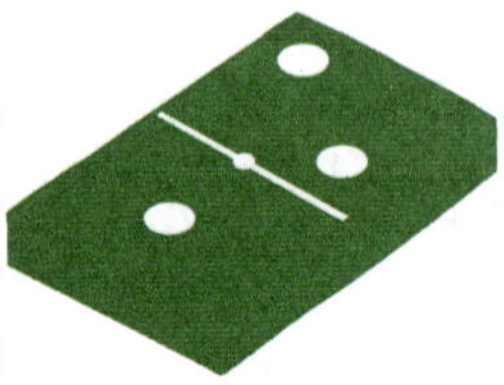

J'étude un son. [i]

J'entends, je vois, j'écris.

Date :

1 Cherche, à la page 24 de ton livre, trois mots où tu entends le son [i]. Recopie-les.

2 Colorie tous les i.

a	i	u	e	o	a	i	u	e	o
A	I	U	E	O	A	I	U	E	O
i	u	l	o	a	i	u	a	o	a
J	M	A	l	B	u	A	i	J	a

3 Entoure tous les i dans les phrases suivantes.

Ipiti, la petite souris grise, mange du riz sur un tapis gris.

Il y a six filles qui rient, assises sur le petit tapis de la bibliothèque, elles lisent un livre rigolo.

4 Écriture.

i i

y . . . . y

Production d'écrits

Date : ______________________

1 Avec l'aide de la maîtresse, fabrique ton emploi du temps : découpe les étiquettes page 95 et colle-les au bon endroit sur la grille.

Mon emploi du temps

jours	matin	après-midi

Évaluation

Date : ____________________

Dictée codée

1 Écoute. Entoure le mot demandé.

maison	jours	lundi	le	l'	après-midi
jeudi	matin	école	mois	semaine	les
le	maison	matin	semaine	les	après-midi
mois	jeudi	jours	lundi	l'	école

Auto-évaluation

2 Complète avec les lettres a , i .

un l ___ t

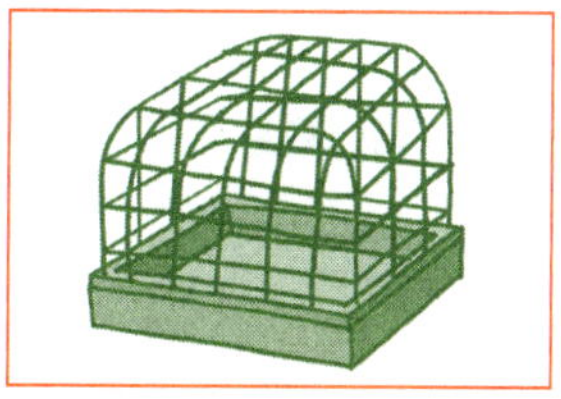

une c ___ ge

un l ___ vre

une r ___ d ___ o

Auto-évaluation

Je **découvre** des dessins légendés

Livre page 28

Date : ____________________

1 **Coche la même phrase que le modèle.** ☒

Dans la classe, il y a des enfants.

- Des enfants, dans la classe il y a. ☐
- Dans l'école, il y a des enfants. ☐
- Dans la classe, il y a des enfants. ☐

2 **Coche la même phrase que le modèle.** ☒

Dans la classe, il y a des enfants.

- *Dans l'école, il y a des enfants.* ☐
- *Dans la classe, il y a des enfants.* ☐
- *Dans la classe, des enfants il y a.* ☐

3 **Coche la même phrase que le modèle.** ☒

Il y a des garçons et des filles.

- *Il y a des filles et des garçons.* ☐
- *C'est des frites et des glaçons.* ☐
- *Il y a des garçons et des filles.* ☐

J'étudie les mots du texte.

Date : ____________________

1 Entoure le même mot que le modèle.

enfant	fille	garçon	classe
enfin	file	garçon	chasse
éléphant	feuille	glaçon	classe
enfant	fille	gazon	danse

2 Entoure le même mot que le modèle.

garçon	fille	enfant	classe
caleçon	folle	entrant	chasse
glaçon	fille	enfance	classe
garçon	file	enfant	place

3 Relie les écritures du même mot.

un enfant •	• des enfants
des enfants •	• une fille
une fille •	• des filles
des filles •	• des garçons
un garçon •	• un enfant
des garçons •	• un garçon

J'étudie un son. [y]

J'entends.

Date : ______________________

1 **Écoute.**
Si tu entends le son [y], écris O (oui) dans la case.
Si tu n'entends pas le son [y], écris N (non) dans la case.

1	2	3	4	5	6	7	8

2 **Entoure le dessin si tu entends le son [y].**

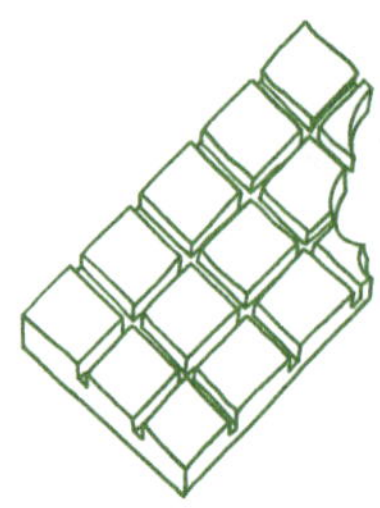

3 **Trouve la place du son [y] dans le mot. Coche la bonne case.**

J'étude un son. [y]

J'entends, je vois, j'écris.

Date : ______________________

1 Cherche, à la page 28 de ton livre, le mot où tu entends le son [y]. Recopie-le.

2 Colorie tous les u.

a	i	u	e	o	a	i	u	e	u
U	I	U	U	O	A	n	U	E	O
i	u	l	u	n	i	u	n	u	a
J	M	A	J	B	V	W	A	J	B
I	A	i	A	a	u	U	i	U	a

3 Entoure tous les u dans les phrases suivantes.

Qui a vu, tout menu, le petit ver tout nu ? Une grue a vu un petit ver tout nu caché dans le bois bien touffu. Elle a voulu manger le petit ver.

Une tortue a mangé le petit ver tout cru qui était caché dans le bois bien touffu.

4 Écriture.

u . . . . u

Production d'écrits

Date : ____________________

1 Relie les bulles au bon personnage.

Je suis un garçon !

Je suis une fille !

Bonjour, je m'appelle Dagobert.

Bonjour, je m'appelle Mercédès.

2 Relie ce qui va ensemble.

Voici Dagobert •

• C'est une fille.

• C'est un garçon.

3 Complète les phrases.

Je m'appelle ____________________, je suis ___ ____________.

4 Complète avec le prénom d'un(e) camarade.

Voici ____________________, c'est ___ ____________.

Évaluation

Date : ____________________

Dictée codée

1 Écoute. Entoure le mot demandé.

un	des	garçon	fille	enfant	C'est
une	dans	il y a	classe	voici	et
et	classe	fille	voici	une	C'est
des	il y a	garçon	enfant	un	dans

Auto-évaluation

2 Complète avec les lettres a, i, u.

des b__n__nes

une tort__e

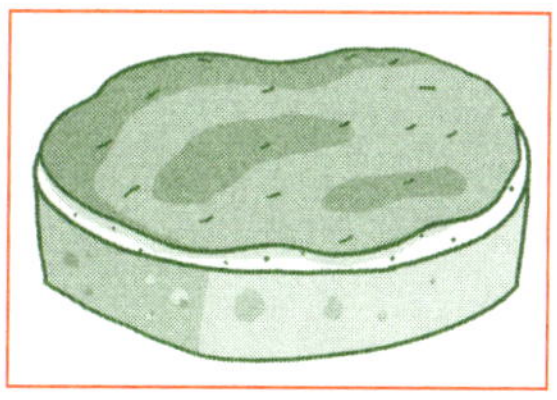

la t__rt__ne

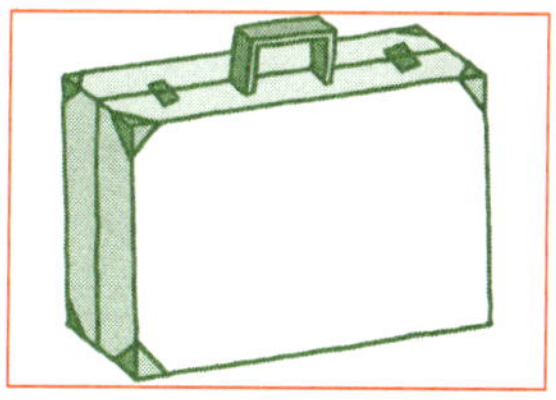

une v__l__se

un éc__reuil

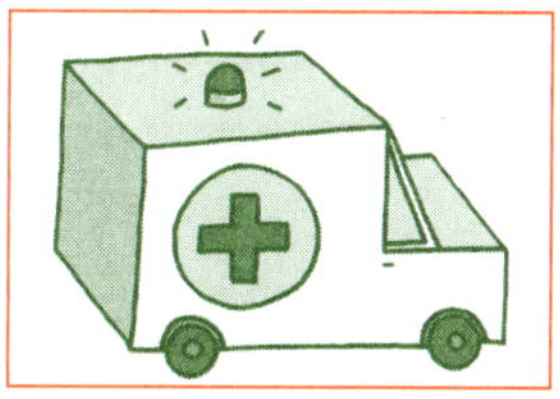

une amb__lance

une fourm__

Auto-évaluation

Dagobert découvre les voyelles.

Livre page 32

Date : ______________________

1 Coche la même phrase que le modèle.

Dagobert découvre les voyelles.

Dagobert découvre les voyages. ☐

Dagobert découvre les voyelles. ☐

Dagobert décore les voyelles. ☐

2 Découpe et colle les mots du texte au bon endroit.

Voyelles

A ☐

E ☐

I ☐

U ☐

O ☐

vert

blanc

noir

bleu

rouge

3 Colorie les voyelles de la couleur choisie par le poète.

I U E A O

J'étudie les mots du texte.

Date :

1 Colorie les formes de la couleur demandée.

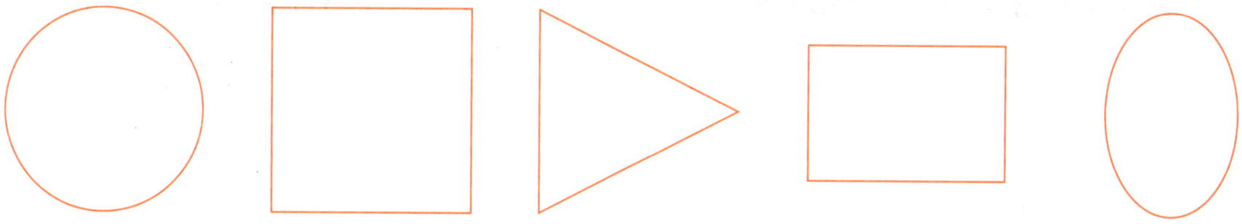

vert — blanc — noir — bleu — rouge

2 Entoure le même mot que le modèle.

rouge	bouge – orage – roue – rouge – ronge – nage
noir	nous – noix – moi – poire – noire – noir
bleu	leur – bleu – blanc
vert	vers – voir – vert

3 Complète la grille de mots croisés à l'aide des définitions.

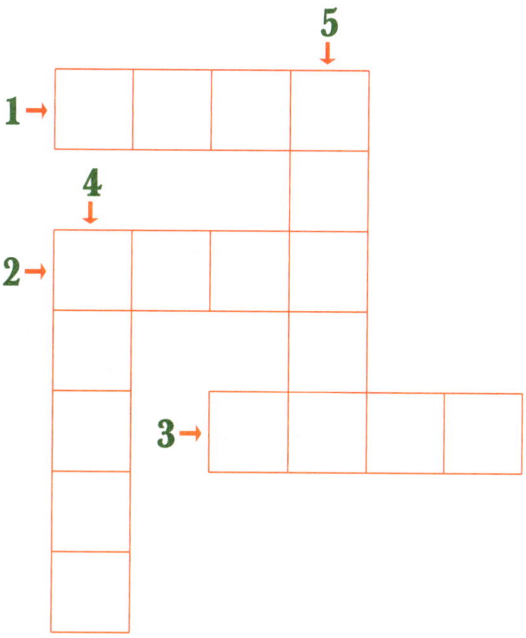

Définitions

1 → C'est la couleur du A.

2 → C'est la couleur du O.

3 → C'est la couleur du U.

4 ↓ C'est la couleur du E.

5 ↓ C'est la couleur du I.

Livre page 34

J'étudie un son. [o]

J'entends.

Date : ______________________

1 **Écoute.**
Si tu entends le son [o], écris O (oui) dans la case.
Si tu n'entends pas le son [o], écris N (non) dans la case.

1	2	3	4	5	6	7	8

2 **Entoure le dessin si tu entends le son [o].**

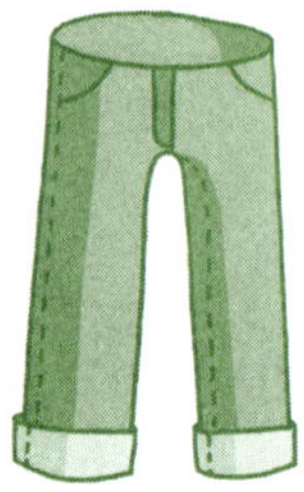

3 **Trouve la place du son [o] dans le mot.**
Coche la bonne case.

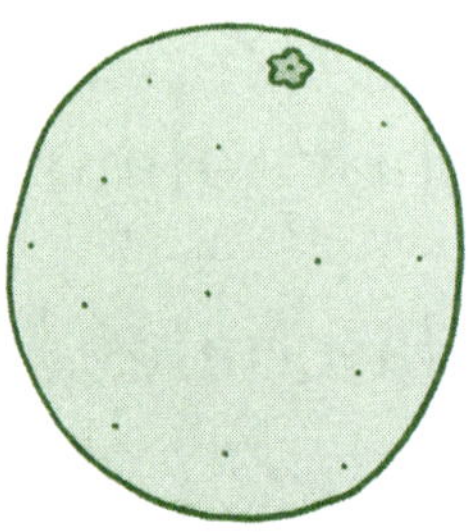

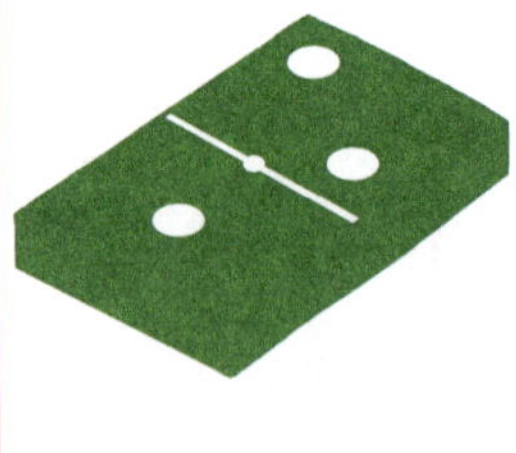

Livre page 34

J'étudie un son. [o]

J'entends, je vois, j'écris.

Date :

1 **Cherche, à la page 30 de ton livre, trois mots où tu entends le son [o]. Recopie-les.**

2 **Colorie tous les o.**

O	a	u	e	o	p	q	u	D	Q
O	U	J	B	P	O	q	a	a	e
C	O	q	p	a	o	a	u	e	c
e	c	d	O	U	J	B	o	o	d

3 **Entoure tous les o dans les phrases suivantes.**

Dagobert mange du chocolat avec du pain quand il sort de l'école. Il donne du chocolat à croquer à sa copine Odile parce qu'elle adore ça.

Dagobert mange du chocolat avec du pain quand il sort de l'école. Il donne du chocolat à croquer à sa copine Odile parce qu'elle adore ça.

4 **Écriture.**

o . . . . o

Production d'écrits

Date : ______________________

1 **Écris un petit texte. Complète les phrases.**
Tu peux t'aider de ton livre.

Bonjour, je m'appelle ______________________ et je suis un(e) ______________________.

Je suis dans la classe de Cours Préparatoire (CP) de l'______________________ primaire.

L___ ______________________ de la classe s'appelle ______________ ______________________.

Dans la classe, il y a _____ enfants : _____ filles et _____ garçons.

2 **Fais le dessin correspondant à ton texte.**

Évaluation

Date : ______________________

Dictée codée

1 Écoute. Entoure le mot ou le groupe de mots demandé.

fille	classe	je	vert	rouge	c'est
garçon	maîtresse	appelle	voici	des	bleu
madame	école	dans	de	la	bonjour
enfant	il y a	rentrée	un	une	et
et	classe	fille	voici	vert	bonjour
des	c'est	garçon	maîtresse	bleu	une
de	école	madame	appelle	rouge	la
dans	il y a	rentrée	enfant	noir	un

2 Complète avec les lettres a , i , u , o .

une m_t_

un t_p_s

un c_be

une _l_ve

3 Écoute. Écris la phrase dictée.

____

____

Auto-évaluation

☐ ☐

Livre page 36

Je **découvre**

une bande dessinée

Date :

1 Numérote les images dans l'ordre de l'histoire.

☐ ☐ ☐ ☐ ☐

2 Relie les phrases identiques.

Je m'habille. •	• *Je me lève.*
Je me lave. •	• *Je m'habille.*
Je vais à l'école. •	• *Je me lave.*
Je me lève. •	• *Je vais à l'école.*

3 Numérote les phrases dans l'ordre de l'histoire.

Je m'habille. ☐

Je prends mon petit déjeuner. ☐

Je me lève. ☐

Je vais à l'école. ☐

Je me lave. ☐

J'étudie les mots du texte.

Date : ______________________

1 Entoure le même mot que le modèle.

matin	déjeuner	habille	petit
marin	déjeuner	habile	pantin
malin	danger	habille	petite
matin	déranger	habite	petit

2 Relie les mots identiques.

lave •	• lève	habille •	• déjeuner
lève •	• lave	déjeuner •	• habille
matin •	• matin	petit •	• petit

3 Recopie les mots dans l'ordre pour former une phrase.

.	petit	Je	mon	prends	déjeuner

4 Sépare les mots de chaque phrase.

Je | me | lave.

Jemelave.

Jemelève.

Jemelève.

J'étudie un son. [l]

J'entends.

Date :

1 **Écoute.**
Si tu entends le son [l], écris O (oui) dans la case.
Si tu n'entends pas le son [l], écris N (non) dans la case.

1	2	3	4	5	6	7	8

2 **Entoure le dessin si tu entends le son [l].**

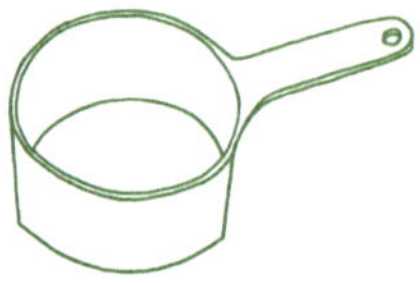

3 **Trouve la place du son [l] dans le mot.**
Coche la bonne case.

J'étude un son. [l] *J'entends, je vois, j'écris.*

Date : ____________________

1 **Cherche, à la page 36 de ton livre, trois mots où tu entends le son [l]. Recopie-les.**

______	______	______

2 **Colorie tous les l.**

l	i	u	e	o	a	i	u	e	l
L	l	L	F	O	A	n	L	E	o
b	u	h	l	n	i	l	n	l	a
J	M	A	C	B	V	L	A	J	B
l	A	i	A	a	L	H	i	L	a

3 **Entoure tous les l dans les phrases suivantes.**

C'est la nuit. Le lapin regarde la lune et les étoiles dans le ciel.

Lucile lit : « La grande ourse est dans le ciel, au pays bleu des orages. »

4 **Écriture.**

l l

Production d'écrits

Date :

1 Relie chaque dessin à la phrase correspondante.

Elle se lave.

Il se lève.

2 Invente un petit texte en utilisant les étiquettes de la page 95. Tu n'es pas obligé(e) d'utiliser toutes les étiquettes.

Évaluation

Date : ______________________

Dictée codée

1 Écoute. Entoure le mot demandé.

déjeuner	école	matin	petit	son	prend
je	il	elle	me	se	mon
habille	va	lave	lève	prends	vais
matin	lave	je	mon	son	va
déjeuner	lève	il	me	se	prend
école	habille	elle	prends	petit	vais

Auto-évaluation

2 Complète avec les lettres la , li , lu , lo .

un ___vre la ___ne une sa___de une ___comotive des ___nettes

Auto-évaluation

Livre page 40

Date : ______________________

1 Relie chaque phrase à son dessin.

Il mange une tartine avec du beurre. •

• 

Elle boit du chocolat. •

• 

Il prend de la confiture. •

• 

Elle mange du chocolat. •

• 

2 Lis les phrases. Complète les cases par V (vrai) ou F (faux).

Martin boit la confiture. ☐

Martin mange une tartine avec du beurre et du chocolat. ☐

Martin boit du chocolat. ☐

J'étudie les mots du texte.

Date : ______________________

1 Entoure le même mot que le modèle.

chocolat	tartine	beurre	confiture
chocolat	tantine	bleue	confiseur
chocolaté	martine	beurre	confiture
chocolatine	tartine	heure	couverture

boit	bois – toit – roi – boit – fois
avec	avant – avis – cave – avec – avoir

2 Relie chaque étiquette à son dessin.

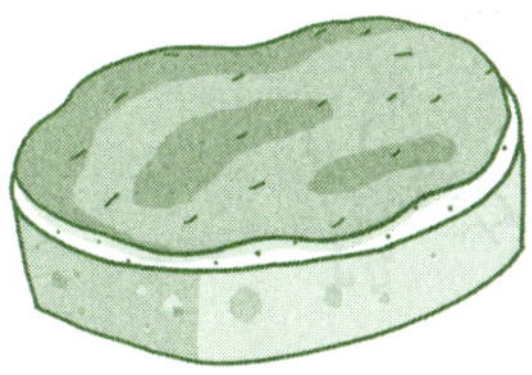

du lait • du beurre • de la confiture • une tartine

Livre page 42

J'étude un son. [m]

J'entends.

Date : ______________________

1 Écoute.
Si tu entends le son [m], écris O (oui) dans la case.
Si tu n'entends pas le son [m], écris N (non) dans la case.

1	2	3	4	5	6	7	8

2 Entoure le dessin si tu entends le son [m].

3 Trouve la place du son [m] dans le mot.
Coche la bonne case.

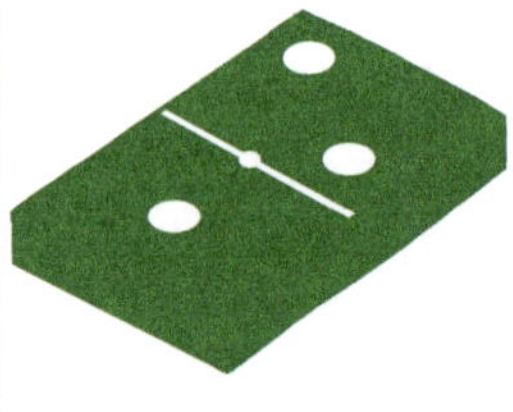

J'étude un son. [m]

J'entends, je vois, j'écris.

Date : ______________________

1 **Cherche, aux pages 33 et 40 de ton livre, trois mots où tu entends le son [m]. Recopie-les.**

____________	____________	____________

2 **Colorie tous les m.**

l	m	u	e	o	a	m	u	e	l
M	l	M	N	O	A	n	L	N	O
b	u	m	l	n	i	l	n	l	m
J	M	A	M	B	M	L	A	J	B
m	A	w	A	a	W	H	m	L	M

3 **Entoure tous les m dans les phrases suivantes.**

Mardi matin, Martin va à l'école. À midi, il mangera à la cantine avec Marie et Nicolas.

Madame Paprika aime bien la musique. Magali n'aime ni les pommes, ni les tomates.

4 **Écriture.**

m . . . . m

Production d'écrits

Date :

1 **Écris un texte pour raconter ce que tu fais le matin avant d'aller à l'école.**

Titre :

2 **Recopie ton texte corrigé.**

Titre :

Évaluation

Date : ____________________

Dictée copie

1 **Le mot demandé est écrit au tableau. Retrouve-le. Écris-le dans la bonne case.**

1 ____________ 2 ____________ 3 ____________

4 ____________ 5 ____________ 6 ____________

Auto-évaluation

2 **Complète avec les lettres ma , mi , mu , mo .**

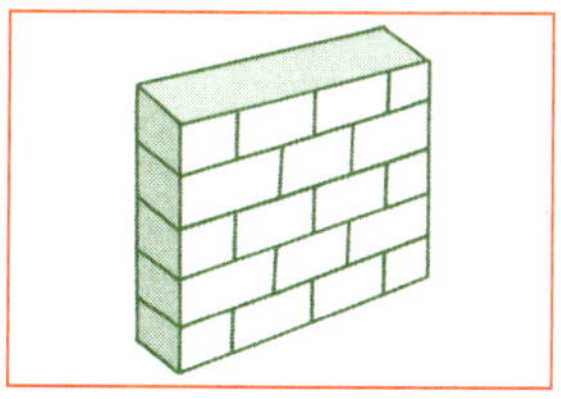
un ___r

une che___née

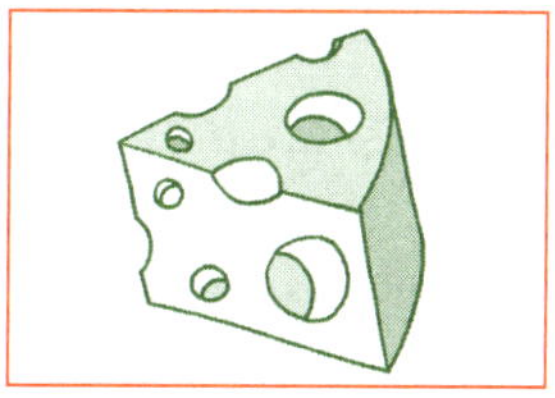
du fro___ge

une ___to

il est ___di

une che___se

du ___guet

Auto-évaluation

Je **découvre**

un poème

Livre page 44

Date : ______________________

1 Lis la poésie. Entoure le titre en rouge et le nom de l'auteur en bleu. Cherche, puis entoure les rimes : deux en noir, deux en rouge.

L'ours

Le grand ours est dans la cage,
Il s'y régale de miel.
La grande ourse est dans le ciel,
Au pays bleu des orages. [...]

Robert DESNOS

2 Coche les bonnes réponses.

- **Où est le grand ours ?**

Le grand ours est dans la cage. ☐
Le grand ours est dans l'orage. ☐
Le grand ours est à la plage. ☐

- **Que fait le grand ours ?**

Il mange une tartine de miel. ☐
Il se régale de miel. ☐
Il se régale de confiture. ☐

- **Où est la grande ourse ?**

La grande ourse est dans la cage. ☐
La grande ourse est dans le miel. ☐
La grande ourse est dans le ciel. ☐

J'étudie les mots du texte.

Date : ______________________

1 Entoure le même mot que le modèle.

ours	cage	miel	ciel
ourse	rage	mille	cil
roue	cape	mie	ciel
ours	code	miel	miel
sous	cage	ciel	œil

orage	rage – cage – orange – orage – cirage – âge

2 Relie chaque mot à sa « maison ».

ours •	grand •
ciel •	est •
cage •	dans •
miel •	grande •
ourse •	orage •

Livre page 46

Je révise les sons étudiés.

J'entends.

Date : ____________________

1 Entoure en bleu le dessin si tu entends [l] dans le mot représenté.
Entoure en rouge le dessin si tu entends [m] dans le mot représenté.

2 Trouve la place de la syllabe [la]. Coche la case en bleu.
Trouve la place de la syllabe [ma]. Coche la case en rouge.

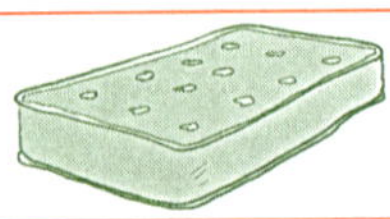

3 Trouve la place de la syllabe [li]. Coche la case en bleu.
Trouve la place de la syllabe [mi]. Coche la case en rouge.

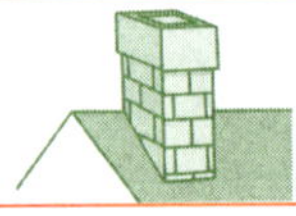

4 Trouve la place de la syllabe [lu]. Coche la case en bleu.
Trouve la place de la syllabe [mu]. Coche la case en rouge.

5 Trouve la place de la syllabe [lo]. Coche la case en bleu.
Trouve la place de la syllabe [mo]. Coche la case en rouge.

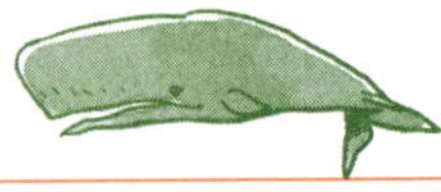

Je révise les sons étudiés.

J'entends, je vois, j'écris.

Date : ______________________

1 Construis les syllabes.

↗	a	i	u	o
l	___	___	___	___
m	___	___	___	___

2 Complète les mots avec la bonne syllabe.

• ma ou la

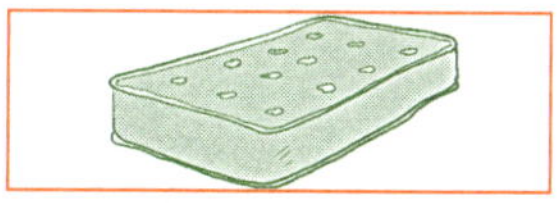

un ___te___s — du fro___ge — une sa___de — du choco___t

• mi ou li

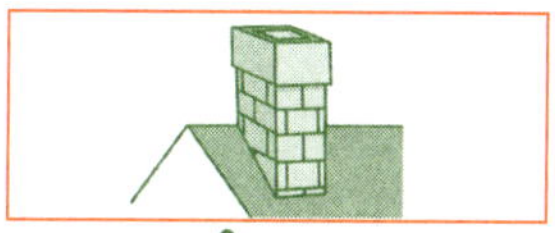

une four___ — un ___vre — une che___née — la ___bellule

• mu ou lu

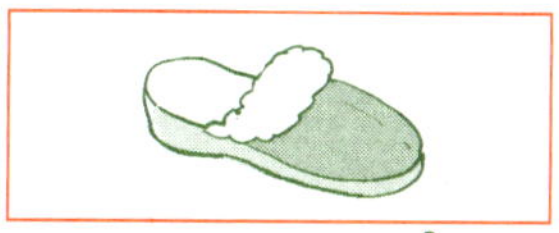

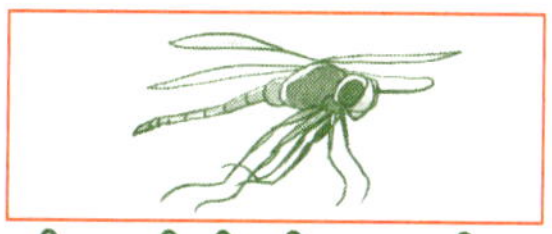

une ___le — la ___ne — des ___nettes — la libel___le

• mo ou lo

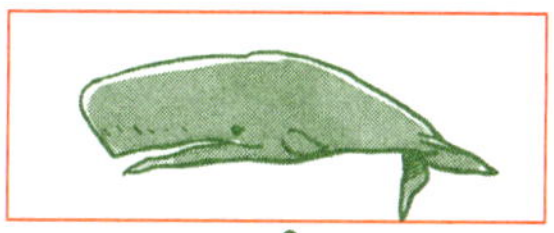

une ___co___tive — la ___to — un cacha___t — un mate___t

3 Complète les mots du texte avec la bonne syllabe : ma, la, mi, li.

Dagobert est avec son a___e.

Elle est ______de dans son ___t.

Production d'écrits

Date : ____________________

1 Observe les dessins.

2 Découpe les étiquettes page 95. Invente un texte pour raconter ce qui se passe sur les dessins. Colle les étiquettes. Tu n'es pas obligé(e) d'utiliser toutes les étiquettes.

Évaluation

Date :

Dictée codée

1 Écoute. Entoure le mot demandé.

orage	un	ours	la	ourse	le
une	ciel	grand	il	régale	est

2 Entoure le mot demandé dans chacune des phrases.

- Dagobert se régale avec du miel.
- Dagobert est un grand garçon.
- Mercédès est une grande fille.
- L'ourse mange du miel.

3 Dictée.

Auto-évaluation

Livre page 56

Date : ______________________

1 Coche les bonnes réponses.

- **Comment s'appelle le jeu ?**

Le jeu s'appelle :

le jeu des 2 foulards. ☐

le jeu des 2 fours. ☐

le jeu des 3 foulards. ☐

- **Combien y a-t-il de joueurs ?**

Il y a :

2 joueurs. ☐

3 joueurs. ☐

30 joueurs. ☐

- **Combien de temps dure le jeu ?**

Le jeu dure :

20 secondes. ☐

30 secondes. ☐

30 minutes. ☐

- **Où se trouvent les foulards ?**

Les foulards se trouvent :

dans le col du défenseur. ☐

dans la poche de l'attaquant. ☐

dans les chaussettes du défenseur. ☐

- **Que doit faire l'attaquant ?**

L'attaquant doit :

attraper le défenseur en 30 secondes. ☐

prendre les 3 foulards du défenseur en 30 secondes. ☐

J'étudie les mots du texte.

Date : ______________________

1 Entoure le mot correspondant au dessin.

foule
foulard
routard

fourchette
chaussure
chaussette

2 Colorie le sac contenant les lettres de chaque mot.

gauche

droite

3 Relie ce qui va ensemble.

Le foulard du col pend •	• sur le sol.
Le foulard de la chaussette traîne •	• dans le dos.
Il faut prendre le foulard du col •	• avec les mains.

4 Relie chaque mot à son dessin.

l'attaquant •

le défenseur •

 •

• 

Livre page 58

J'étudie un son. [ø] [œ] [ə]

J'entends.

Date :

1 **Écoute.**
Si tu entends le son étudié, écris O (oui) dans la case.
Si tu n'entends pas le son étudié, écris N (non) dans la case.

1	2	3	4	5	6	7	8

2 **Entoure le dessin si tu entends le son étudié.**

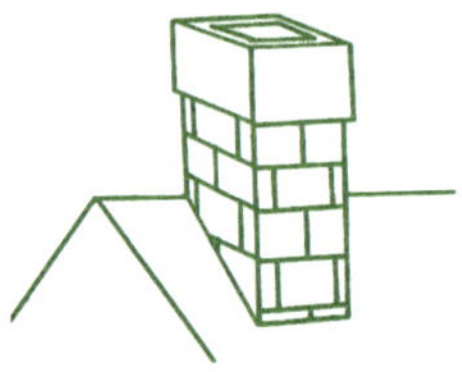

3 **Trouve la place du son étudié dans le mot.**
Coche la bonne case.

J'étude un son. [ø] [œ] [ə]

J'entends, je vois, j'écris.

Date : ______________________

1 **Cherche, à la page 24 de ton livre, trois mots où tu entends le son étudié. Recopie-les.**

______ ______ ______

2 **Colorie tous les e.**

l	e	u	e	o	a	e	c	e	l
b	u	e	l	a	i	l	e	l	m
J	M	A	E	B	C	L	A	J	E
m	E	w	A	e	W	H	E	F	T

3 **Relie chaque mot à son dessin.**

une cheminée — du beurre — une île — un melon

4 **Écriture.**

e . . . . e

Production d'écrits

Date : ______________________

1 Observe le dessin.

2 Complète.

Matériel : ______________________

Nombre de joueurs : __________ Temps : __________

3 Écris la règle du jeu correspondant au dessin. Tu peux t'aider de ton livre, page 56.

Évaluation

Date : ______________________

Dictée copie

1 Le mot demandé est écrit au tableau. Retrouve-le. Écris-le dans la bonne case.

1 ______ 2 ______ 3 ______

4 ______ 5 ______ 6 ______

Auto-évaluation

2 Complète avec me , le .

une pou______

une ai______

une gom______

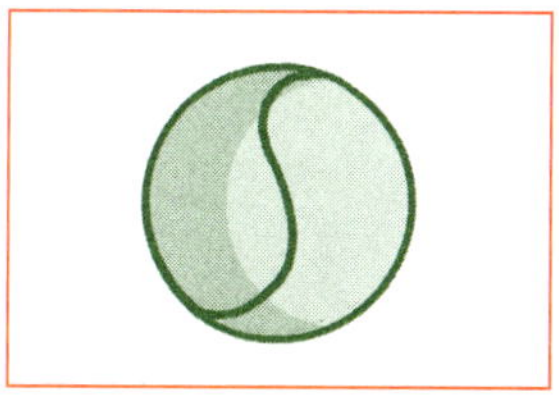

une bal______

une plu______

une ampou______

Auto-évaluation

Je **découvre**

une bande dessinée

Date : ______________________

1 **Observe la bande dessinée. Entoure le titre en bleu et la case 3 en rouge.**

C'est l'automne

2 **Relie chaque bulle au bon personnage.**

Je vais aider le jardinier.

Pouêt ! pouêt !

Je vais ramasser les feuilles mortes.

Livre page 61

J'étudie les mots du texte.

Date : ____________________

1 Entoure le mot-modèle dans les phrases suivantes.

dos	• Le jardinier a mal au dos. • Le chat fait le gros dos.
gros	• Il y a un gros papillon sur la grosse pomme rouge. • Un gros escargot mange la feuille.
tas	• Il y a un tas de feuilles dans la cour. • La maîtresse lave sa tasse.

2 Relie chaque mot à sa maison.

morte •
feuille •
jardinier •

2

3 Complète avec un ou une.

______ feuille

______ arbre

4 Complète.

des ______

des ______

Livre page 62

J'étudie un son. [p]

J'entends.

Date : ______________________

1 Écoute.
Si tu entends le son [p], écris O (oui) dans la case.
Si tu n'entends pas le son [p], écris N (non) dans la case.

1	2	3	4	5	6	7	8

2 Entoure le dessin si tu entends le son [p].

 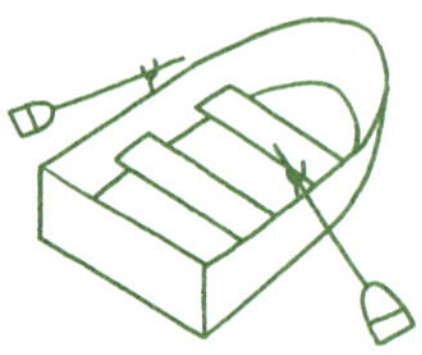 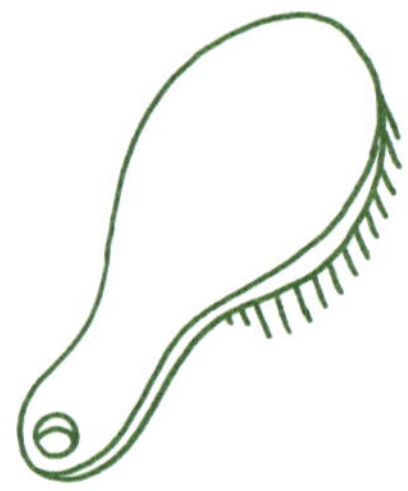 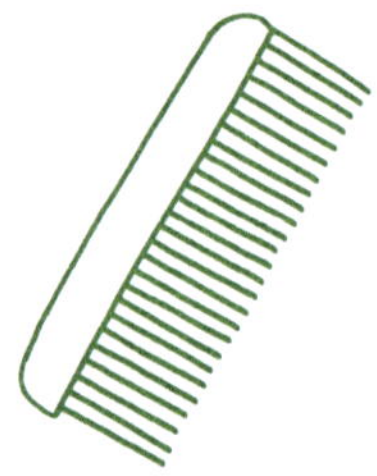

3 Trouve la place du son [p] dans le mot.
Coche la bonne case.

Livre page 62

J'étudie un son. [p]

J'entends, je vois, j'écris.

Date : ______________________

1 **Cherche, à la page 60 de ton livre, trois mots où tu entends le son [p]. Recopie-les.**

______________ ______________ ______________

2 **Colorie tous les p.**

p	e	p	e	p	a	p	c	p	l
F	b	M	P	O	E	q	P	N	O
b	d	p	q	b	b	d	d	q	m
J	M	A	B	B	P	L	Q	d	E

3 **Relie chaque mot à son dessin.**

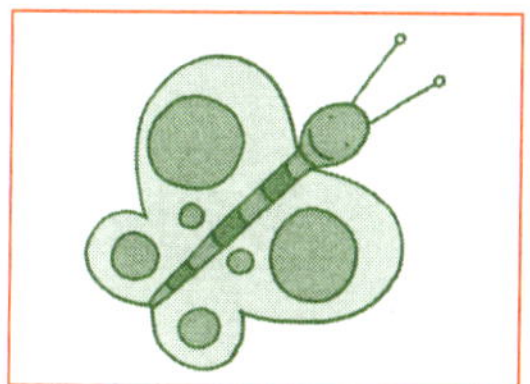

un lapin — une poule — une pipe — un papillon

4 **Écriture.**

p . . . . p

Production d'écrits

Date : ______________________

1 Relie ce qui va ensemble.

la trottinette de Dagobert	le jardinier	Dagobert

2 Observe les dessins. Écris un texte pour raconter ce qui se passe sur chaque dessin. Tu peux t'aider du livre, pages 60 et 61.

①

①

②

②

Évaluation

Date : ____________________

Dictée codée

1 Entoure le mot demandé.

jardinier	mon	morte	tombe	tas
terminé	aider	c'est	automne	feuille
gros	brûler	ramasser	dos	heureux
reste	tombent	des	feuilles	être

Dictée codée

2 Entoure dans chaque phrase le mot demandé.

- Dagobert ramasse une feuille dans la classe.
- En automne, les feuilles tombent, il faut souvent les ramasser.
- J'ai terminé mon travail !

2

Auto-évaluation

3 Complète avec pa, pi, pu, pe, po.

la ______ ______ un ______rapluie une ______mme une ______naise

Auto-évaluation

Je **découvre**

une recette

Date : ______________________

1 Numérote les dessins dans l'ordre de la recette avec l'aide du livre.

☐

☐

☐

☐

☐

☐

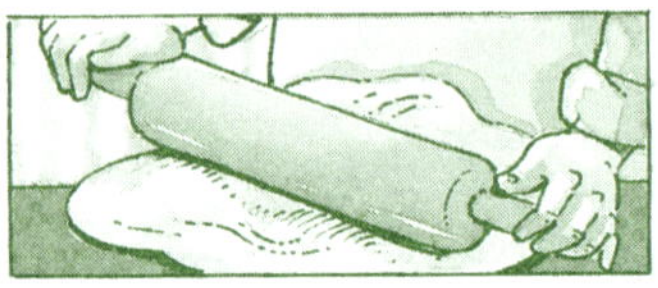
☐

2 Numérote les phrases dans l'ordre de la recette.

J'étale la pâte et je garnis le moule. ☐

Je verse la compote. ☐

Je mets au four. ☐

Je recouvre avec les pommes coupées. ☐

J'épluche les pommes et je les coupe. ☐

Je pique la pâte avec une fourchette. ☐

J'allume le four. ☐

3 Sépare les mots de chaque phrase.

Jeverselacompote.

Jepiquelapâteavecunefourchette.

Livre page 65

J'étudie les mots du texte.

Date : ______________________

1 Entoure le mot correspondant au dessin.

panne	moule	carte	jour
bonne	monde	tarte	fou
pomme	molle	tard	four

2 Colorie le sac contenant les lettres de chaque mot.

allume 

étale 

verse 

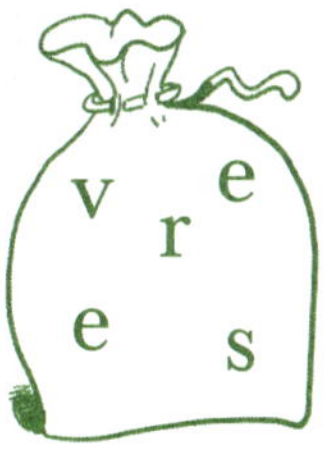

pique 

3 Écris en cursive.

- le moule à tarte ______________________
- la compote de pomme ______________________
- Je pique la pâte avec une fourchette.

____

Livre page 66

J'étudie un son. [t]

J'entends.

Date :

1 **Écoute.**
Si tu entends le son [t], écris O (oui) dans la case.
Si tu n'entends pas le son [t], écris N (non) dans la case.

1	2	3	4	5	6	7	8

2 **Entoure le dessin si tu entends le son [t].**

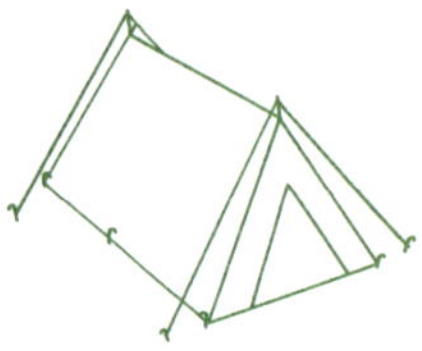

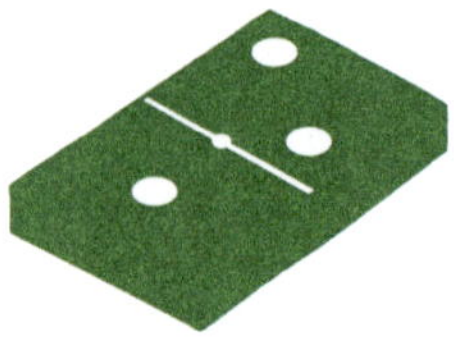

3 **Trouve la place du son [t] dans le mot.**
Coche la bonne case.

J'étudie un son. [t]

J'entends, je vois, j'écris.

Date : ______________________

1 Cherche, aux pages 60 ou 64 de ton livre, trois mots où tu entends le son [t]. Recopie-les.

______________ ______________ ______________

2 Colorie tous les t.

t	i	p	e	p	a	t	c	p	l
F	f	M	P	O	T	f	t	T	O
t	d	t	l	i	b	d	d	q	m
J	T	A	B	T	P	L	Q	F	E

3 Relie chaque mot à son dessin.

un pirate — une tulipe — un tapis — une tomate

4 Écriture.

t . . . . t

Production d'écrits

Date :

1 Observe les dessins.

2 Invente un texte à partir des dessins.
Tu peux t'aider de ton livre, page 64.

Évaluation

Date : ______________________

Dictée codée

1 Écoute. Entoure le mot demandé.

pâte	fourchette	allume	avec	four
tarte	compote	épluche	pour	verse
pomme	recouvre	étale	et	garnis

Dictée codée

2 Écoute. Entoure dans chaque phrase le mot demandé.

- Dagobert met une tarte au four.
- Mercédès coupe une pomme en deux.
- Mercédès recouvre la pâte avec des bananes.

2

Auto-évaluation

☐ ☐

3 Complète avec ta, ti, tu, te, to.

une ___sse une ___lipe une ___ma___ une trot___net___

Auto-évaluation

☐ ☐

Livre page 68

Date :

1 **Découpe les étiquettes de la page 95. Colle-les au bon endroit pour reconstituer la poésie.**

Quand la vie est un collier

Quand la vie est un collier

Quand la vie est une cage

Quand la vie est une forêt

Quand la vie est un arbre

Quand la vie est une branche

Jacques PRÉVERT

Livre page 69

J'étudie les mots du texte.

Date : ______________________

1 Entoure le mot correspondant au dessin.

coller
collier
oublier

fille
fouille
feuille

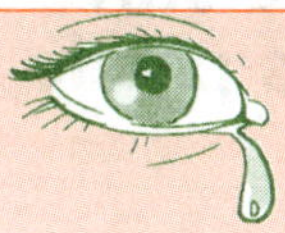

tarte
charme
larme

forêt
force
fouet

2 Entoure le même mot que le modèle.

chaque	chat – quel – chaque – quatre – choque
quand	quatre – puant – quand – pend – prend

3 Sépare les mots de chaque phrase.

- quandlavieestuncollier.
- Quandlavieestuncollier.

4 Dessine, puis recopie le mot.

une feuille
une ______________

un arbre
un ______________

un collier
un ______________

Livre page 70

J'étudie un son. [r]

J'entends.

Date : ______________________

1 Écoute.

Si tu entends le son [r], écris O (oui) dans la case.
Si tu n'entends pas le son [r], écris N (non) dans la case.

☐ 1 ☐ 2 ☐ 3 ☐ 4 ☐ 5 ☐ 6 ☐ 7 ☐ 8

2 Entoure le dessin si tu entends le son [r].

3 Trouve la place du son [r] dans le mot.
Coche la bonne case.

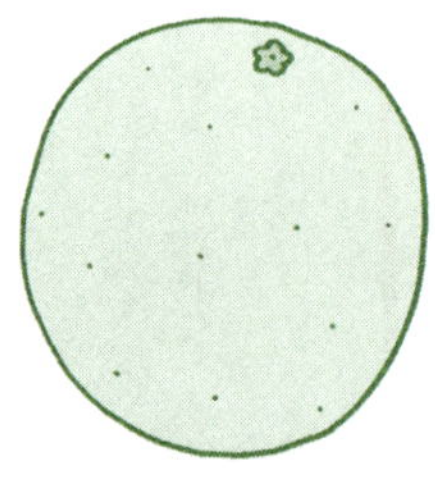

J'étudie un son. [r]

J'entends, je vois, j'écris.

Date : ______________________

1 Cherche, à la page 68 de ton livre, trois mots où tu entends le son [r]. Recopie-les.

2 Colorie tous les r.

r	P	R	p	r	x	r
o	e	R	P	n	B	R
R	r	r	n	P	r	B
r	R	r	B	n	n	n

3 Relie chaque mot à son dessin.

des rideaux | un tabouret | un biberon | un robinet

4 Écriture.

r . . . . r

Production d'écrits

Date : ______________________

1 Écris à la manière de Jacques Prévert.
Choisis dans les mots proposés et complète la poésie.

un enfant | une classe | une école | un sourire

un cahier | une page | une ligne

Quand la vie est ______________________,
Chaque jour est ______________________.

Quand la vie est ______________________,
Chaque jour est ______________________.

2 Trouve d'autres idées.

Quand la vie est ______________________,
Chaque jour est ______________________.

Quand la vie est ______________________,
Chaque jour est ______________________.

Évaluation

Date : ______________________

Dictée copie

1 **Le mot demandé est écrit au tableau. Retrouve-le. Écris-le dans la bonne case.**

1	______	2	______	3	______
4	______	5	______	6	______
7	______	8	______	9	______

Auto-évaluation

☐ ☐

2 **Complète avec** ra , ri , ru , re , ro .

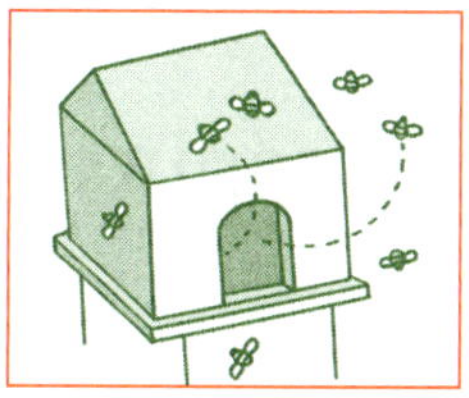

une ___che un ___dis un ___bot une ce___se une poi___

Auto-évaluation

☐ ☐

Je **découvre**

une histoire

Date : ______________________

1 Coche la bonne case.

- Ce texte est :

un poème. ☐ une BD ☐
une histoire. ☐ une recette. ☐

- Ce texte parle de :

la forêt. ☐ l'automne. ☐ Noël. ☐

- Dans cette histoire, il y a :

2 enfants. ☐ 3 enfants. ☐ 4 enfants. ☐

2 Entoure en bleu ce qui correspond au texte.

- Dagobert apporte un
  - matin à la maison.
  - lapin à la maison.
  - sapin à la maison.

- Dagobert place l'étoile
  - en du sapin.
  - au du sapin.
  - en haut du sapin.

3 Barre les phrases qui ne sont pas vraies.

- Dagobert place une poule sur le sapin.
- Dagobert place une étoile sur le sapin.
- Mercédès met une guirlande sur le lapin.

J'étudie les mots du texte.

Date :

1 Relie ce qui va ensemble.

- une guirlande
- un sapin
- une étoile
- une boule

2 Écris en cursive.

- une boule dorée
- une guirlande
- le sapin décoré

3 Dessine.

une boule bleue	une étoile dorée	une guirlande verte

Livre page 74

J'étude un son. [u]

J'entends.

Date :

1 **Écoute.**
Si tu entends le son [u], écris O (oui) dans la case.
Si tu n'entends pas le son [u], écris N (non) dans la case.

1	2	3	4	5	6	7	8

2 **Entoure le dessin si tu entends le son [u].**

3 **Trouve la place du son [u] dans le mot.**
Coche la bonne case.

Livre page 74

J'étude un son. [u]

J'entends, je vois, j'écris.

Date :

1 **Cherche, à la page 72 de ton livre, trois mots où tu entends le son [u]. Recopie-les.**

2 **Entoure tous les mots qui contiennent ou.**

rouge – ronge – souris – bâton – bouchon – maison – pou – bonjour – journal – parachute – ours – automne – tombe

3 **Relie le mot dessiné à la syllabe qui lui correspond.**

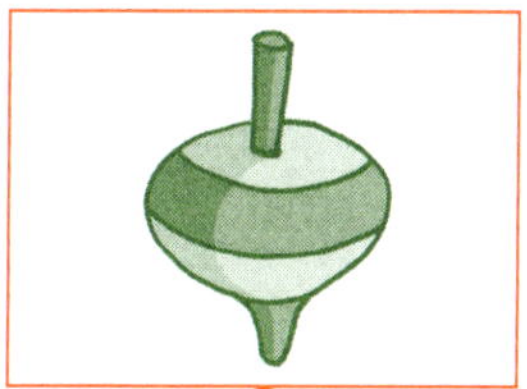

pou | rou | lou | mou | tou

4 **Écriture.**

ou . . . . ou

Production d'écrits

Date : ______________________

1 **Dessine ton sapin décoré avant de faire la liste des décorations.**

2 **Fais la liste de tout ce que tu as dessiné sur ton sapin de Noël.**

Évaluation

Date : ______________________

1 Dictée codée

Écoute. Entoure le mot dicté de la couleur demandée.

apporte – arbre – beau – belle – bleu – boule – branche – doré – décoré – étoile – école – fête – forêt – guirlande – grande – grosse – met – place – porte – puis – pour – papa – sapin – sur – verte – verse

2 Dictée codée

Écoute. Entoure dans chaque phrase le mot demandé.

- Mercédès décore son petit sapin pour les fêtes.
- Il y a une étoile dans le ciel, elle est belle !
- J'ai décoré la maison pour Noël.

Auto-évaluation

3 Complète avec mou, lou, pou, tou, rou.

une ___te

une ___pe

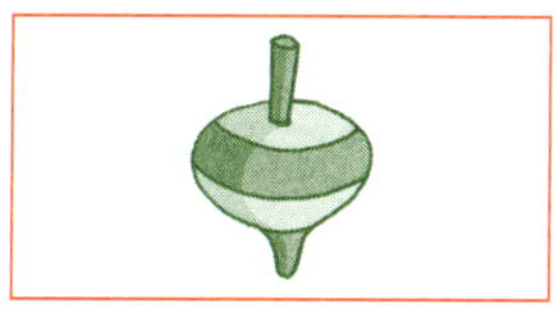
une ___pie

un ___lin

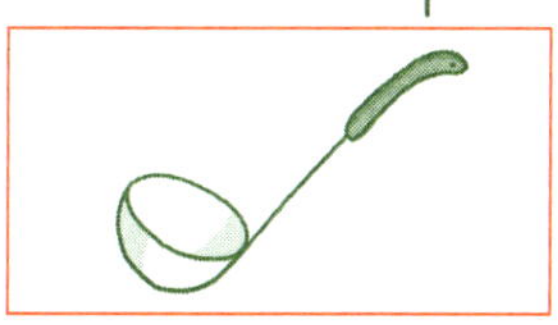
une ___che

une am___le

Auto-évaluation

Je **découvre**

une lettre

Date : ______________________

1 Lis le texte. Entoure le lieu en rouge, la date en bleu et la signature en vert.

Alendroit, le 10 décembre

Cher Père Noël,

Je m'appelle Mercédès. Je suis très gentille. J'ai fait un joli dessin avec les cadeaux que j'aimerais avoir pour Noël.

Gros, gros bisous.

Mercédès

2 Coche la bonne réponse.

- Ce texte est :

une B.D. ☐ un poème. ☐ une recette. ☐ une lettre. ☐

- Qui a écrit la lettre ?

Madame Paprika. ☐ L'ours. ☐ Mercédès. ☐

- Mercédès a écrit cette lettre :

à Dagobert. ☐ au Père Noël. ☐ au roi. ☐

J'étudie les mots du texte.

Date : ____________________

1 Dagobert a écrit au Père Noël, mais il a fait des taches sur sa lettre. Aide-le à compléter la lettre en choisissant dans les mots proposés.

> Alenvers, le 12 décembre
>
> Cher Père Noël,
>
> Je m'appelle Dagobert. Je suis très ______ mais je fais tout à l'envers. — *petit/gentil*
>
> Mercédès a fait un ______ pour toi — *dessin/bassin*
>
> avec les ______ qu'elle aimerait avoir pour Noël. — *cadeaux/carreaux*
>
> Moi, j'aimerais avoir une nouvelle trottinette avec un moteur pour aller plus vite.
>
> Gros, gros ______. — *bisons/bisous*
>
> Dagobert

2 Colorie le sac contenant toutes les lettres de chaque mot.

cadeau	c d e a u a	c b e e u a	d a r c e u
jouet	j e u o r	j e o t u	j o a n f

J'étudie un son. [wa]

J'entends.

Date : ______________________

1 Écoute.
Si tu entends le son [wa], écris **O** (oui) dans la case.
Si tu n'entends pas le son [wa], écris **N** (non) dans la case.

1	2	3	4	5	6	7	8

2 Entoure le dessin si tu entends le son [wa].

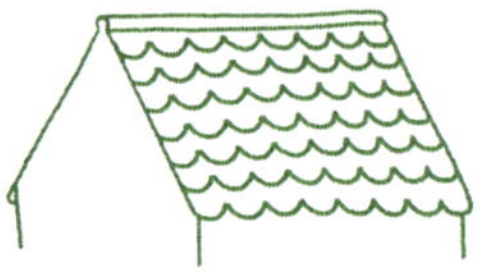

3 Trouve la place du son [wa] dans le mot.
Coche la bonne case.

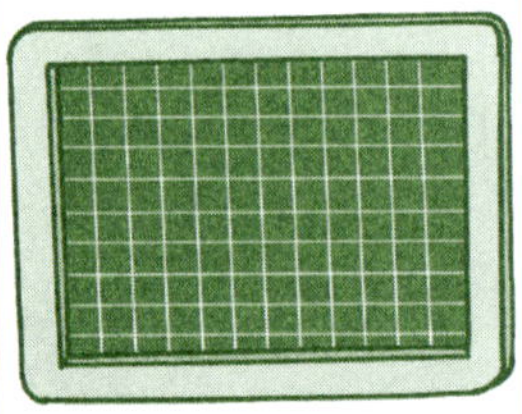

J'étude un son. [wa] *J'entends, je vois, j'écris.*

Date : ______________________

1 Cherche, à la page 76 de ton livre, trois mots où tu entends le son [wa]. Recopie-les.

______ ______ ______

2 Entoure tous les oi.

oi io di
ei oi
ou

ai
oi a
ou io di

3 Entoure tous les mots qui contiennent oi.

le roi – le lion – noir – un sapin – une poire – voilà – une étoile – la neige – un croissant – une fois

2

4 Assemble les syllabes pour former un mot.

ar re moi

re tu voi

le toi

une ______ une ______ une ______

5 Écriture.

oi . . . . oi

Production d'écrits

Date :

1 **Écris ta lettre au Père Noël.**

2 **Dessine les jouets que tu souhaites avoir en cadeaux.**

Évaluation

Date : ______________________

Dictée copie

1 **Le mot demandé est écrit au tableau. Retrouve-le. Écris-le dans la bonne case.**

1 ______ 2 ______ 3 ______

4 ______ 5 ______ 6 ______

Auto-évaluation

2 **Complète avec** oi , moi , poi , toi , roi .

une é____le

une ar____re

un ____seau

un ____

une ____re

une ____e

Auto-évaluation

Livre page 80

Date : ______________________

1 **Barre les phrases qui ne sont pas vraies.**

- Le Père Noël descend de la voiture.
- Le parachute éclate.
- Les poissons mangent les bonbons du Père Noël.
- Les poissons cherchent le Père Noël.

2 **Entoure les phrases qui sont vraies.**

- Le soleil lance un bonbon au Père Noël.
- Le soleil a vu le Père Noël au fond de la mer.
- Le soleil va aider le Père Noël.
- Le Père Noël monte vers le ciel, il va chercher des jouets.
- Le rayon tombe au fond de la mer.

3 **Numérote les mots dans l'ordre pour former une phrase.
Recopie la phrase en cursive. N'oublie pas le point.**

bonbons	Les	les	mangent	poissons
○	○	○	○	○

J'étudie les mots du texte.

Date : ______________________

1 Entoure le mot correspondant au dessin.

			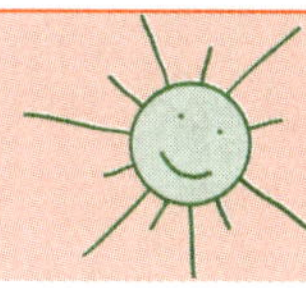
parchemin	dondon	poussin	sommeil
parachute	boubou	poisson	soulier
parapluie	bonbon	poison	soleil

2 Écris en cursive.

un bonbon ______________ la corde ______________

un poisson ______________ la voiture ______________

le rayon de soleil ______________________________

3 Complète les phrases avec les mots proposés.

lance – descend – monte – éclate – tombent

C'est un petit Papa Noël qui ______________ en parachute.
Le parachute ______________, le Père Noël et les jouets
______________ au fond de la mer. Le soleil ______________
un rayon comme une corde au Père Noël. Le Père Noël
______________ le long du rayon.

Livre page 82

Je révise les sons étudiés.

J'entends.

Date : ______________________

1 Construis les syllabes.

↗	a	i	u	o	e	ou	oi
p							
t							
r							

2 Observe les dessins, retrouve les mots. Écris-les en cursive en utilisant les syllabes.

ar moi pou re roir ti tre

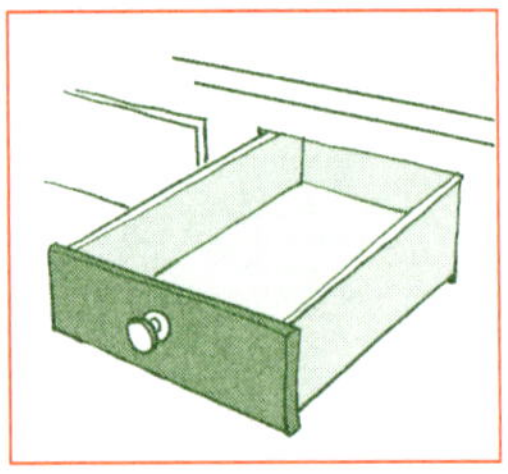

un ______________

une ______________

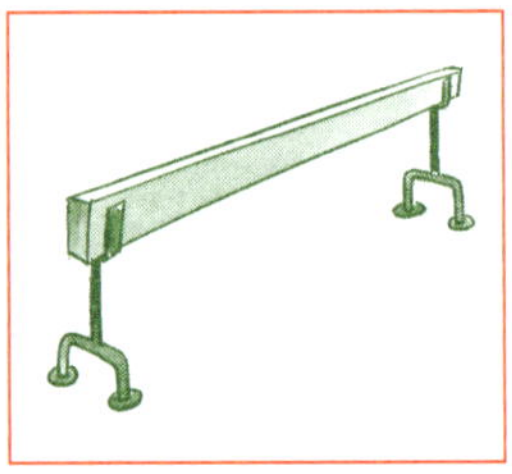

une ______________

ro ar re bot mu

un ______________

une ______________

Livre page 82

Je révise les sons étudiés.

J'entends, je vois, j'écris.

Date : ______________________

Dictée muette

1 Observe chaque dessin, écris le mot qui lui correspond.

une ____________

un ____________

une ____________

une ____________

une ____________

2 Avec ces syllabes, forme trois mots. Écris-les en cursive.

de ra pi | le pou | le toi

3 Mot inventé. Choisis trois syllabes et invente un mot qui n'existe pas.

toi tu la pa tou lu

Production d'écrits

Date : ______________________

1 Écris ton menu de Noël. Dessine les plats que tu préfères.

Menu de Noël

Entrée

____

Viande

____

Légumes

____

Dessert

____

Évaluation

Date : ____________________

1 Dictée codée

Écoute. Entoure le mot demandé.

Père Noël	descend	cherche	jouet
parachute	mange	éclate	poissons
soleil	mangent	voit	chocolat
rayon	nage	lance	comme
corde	jouer	monte	voiture

Auto-évaluation ☐ ☐

2 Dictée codée

Écoute. Entoure dans chaque phrase le mot demandé.

- Le Père Noël mange un poisson en chocolat.
- Il y a des voitures, des jouets au fond du sac du Père Noël.
- Dans la mer, Dagobert nage comme un poisson.

3 **Dictée.**

Auto-évaluation ☐ ☐

Livre page 30

J'observe.

Date : ______________________

1 Complète les dessins avec les étiquettes.

de la colle

un stylo-bille

une gomme

un crayon

un cahier

une règle

une trousse

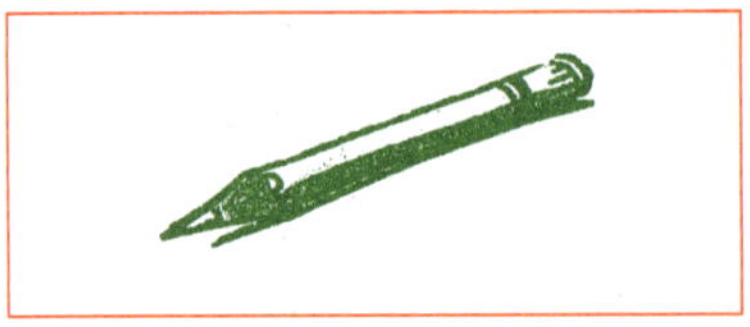

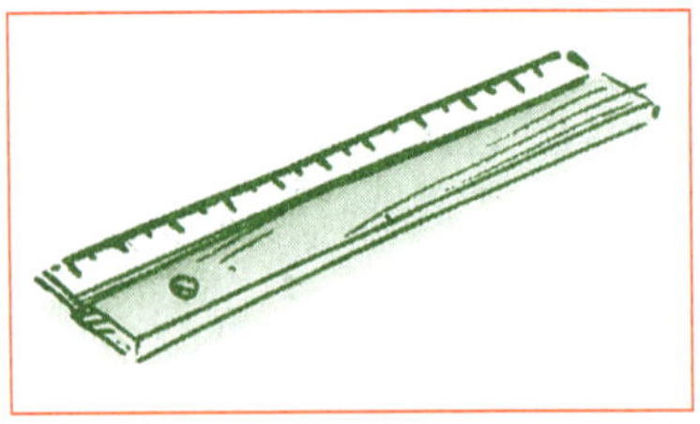

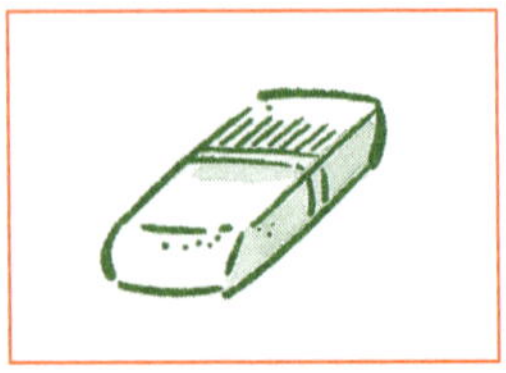

Étiquettes à découper

Page 20

lundi	mardi	mercredi	jeudi	vendredi	samedi	dimanche	Je suis à l'école.

Je suis à la maison.	Je suis à la maison.	Je suis à la maison.
Je suis à la maison.	Je suis à la maison.	Je suis à la maison.

Je suis à l'école.	Je suis à l'école.	Je suis à l'école.	Je suis à l'école.
Je suis à l'école.	Je suis à l'école.	Je suis à l'école.	Je suis à l'école.

Page 38

Le	je	matin	lève	me
je	lave	me	m'	je
habille	mon	prends	déjeuner	petit
et	vais	je	école	l'
à	je	Je	Je	Je

Page 50

Un	une	et	petit	ours	voit		
se régale	monte	Il	il	sur	un	pomme	
prend	cueille	et	la	Il	la	l'	arbre
mange	pomme	dans	arbre				

Page 70

chaque jour est une larme	chaque jour est une perle
chaque jour est un arbre	chaque jour est une feuille
chaque jour est une branche	

Je suis à l'école.	dimanche	samedi	vendredi	jeudi	mercredi	mardi	lundi

Je suis à la maison.	Je suis à la maison.	Je suis à la maison.
Je suis à la maison.	Je suis à la maison.	Je suis à la maison.

Je suis à l'école.	Je suis à l'école.	Je suis à l'école.	Je suis à l'école.
Je suis à l'école.	Je suis à l'école.	Je suis à l'école.	Je suis à l'école.

me	lève	matin	je	Le
je	m'	me	lave	je
petit	déjeuner	prends	mon	habille
l'	école	je	vais	et
Je	Je	Je	je	à

voit		ours		petit	et	une	Un
pomme		un	sur	il	Il	monte	se régale
arbre	l'	la	Il	la	et	cueille	prend
		arbre		dans		pomme	mange

chaque jour est une perle	chaque jour est une larme
chaque jour est une feuille	chaque jour est un arbre
chaque jour est une branche	

Achevé d' imprimer en Italie par L.E.G.O. S.p.A. - Dépôt légal: 04/2011
Collection n° 63 - Édition n° 06 - 11/6542/2